高等职业技术院校汽车类专业

汽车车身构造与维修（第二版）习题册

胡小牛　主编

中国劳动社会保障出版社

简介

本习题册是高等职业技术院校汽车类专业教材《汽车车身构造与维修（第二版）》的配套用书。习题册内容紧扣教材的教学要求，注重基础知识的巩固和基本能力的培养，知识点分布均衡，题型丰富，难易适当，有助于学生复习巩固所学知识。

本习题册由胡小牛任主编，蒋达、任永潇、陈方园参与编写。

图书在版编目（CIP）数据

汽车车身构造与维修（第二版）习题册 / 胡小牛主编 . -- 北京：中国劳动社会保障出版社，2022

高等职业技术院校汽车类专业

ISBN 978-7-5167-5527-3

Ⅰ. ①汽… Ⅱ. ①胡… Ⅲ. ①汽车 – 车体结构 – 高等职业教育 – 习题集②汽车 – 车体 – 车辆修理 – 高等职业教育 – 习题集 Ⅳ. ①U463.82-44 ②U472.41-44

中国版本图书馆 CIP 数据核字（2022）第 160765 号

中国劳动社会保障出版社出版发行

（北京市惠新东街 1 号 邮政编码：100029）

*

北京市科星印刷有限责任公司印刷装订 新华书店经销

787 毫米 ×1092 毫米 16 开本 4 印张 93 千字

2022 年 9 月第 1 版 2022 年 9 月第 1 次印刷

定价：11.00 元

读者服务部电话：（010）64929211/84209101/64921644

营销中心电话：（010）64962347

出版社网址：http://www.class.com.cn

http://jg.class.com.cn

目　录

模块一　汽车车身构造与维修的认知

任务1　汽车车身构造的认知

一、填空题

1．汽车车身一般由车身结构件、__________、内外部装饰件和__________等构成。

2．常见的车架有__________、X形车架和____________三种类型。

3．轿车车身吸能区的板件上通常有________、褶皱状或_________等结构。

4．发动机罩由高强度钢板冲压成的_________和_________组焊而成。

5．侧窗立柱包括___________、___________和___________，又称A柱、B柱和C柱。

6．电动汽车的客舱高度须________传统燃油汽车，车身长度应_________传统燃油汽车。

7．电动汽车B柱结构的________、________强度偏高，________强度偏低。

8．车身中的铝合金按照其在车身中功能要求的不同可分为________、_________和压铸件。

9．塑料按照其热性能不同可分为___________和___________两大类。

二、选择题

1．车身（　　）组成了车身本体，是指纵梁、横梁和立柱等主要承力构件及与它们相连接的板件等保证车身强度和刚度的零部件。

A．覆盖件　　B．开闭件

C．附件　　D．结构件

2．非承载式车身由主车身和（　　）组成。

A．车桥　　B．车架

C．车壳　　D．悬架

3．承载式汽车的车顶、车底和立柱等构件均以（　　）的方式组合在一起。

A．铆接　　B．粘接

C．焊接　　D．螺栓连接

4．电动汽车的动力总成比传统燃油汽车的动力总成小（　　）mm左右。

A．100　　B．150

C．200　　D．250

5．（　　）塑料通常用于制造汽车保险杠护罩。

A．PS　　B．PP

C．PA　　D．PET

6．碳纤维的质量相当于同体积钢材的20% ~ 30%，而强度却是钢材的（　　）倍以上。

A．2　　B．5

C．8　　D．10

7．轿车在车身前后有意预留“薄弱环节”，这些“薄弱环节”起着良好的吸收冲击能量的作用，通常称为（　　）。

A．缓冲区　　B．过渡区

C．影响区　　D．吸能区

三、判断题

1．开闭件包括发动机罩、散热器格栅、前后翼子板、纵梁、车门、保险杠和行李舱门等。（　　）

2．汽车车身按用途可分为轿车车身、大客车车身、货车车身和专用汽车车身。（　　）

3．承载式车身的优点是减振性好、工艺简单、易于改型且维修方便。（　　）

4．前横梁是汽车的主要强度件，直接焊在前车身的下部。（　　）

5．车身附件是车身中具有独立功能的部件。（　　）

6．电动汽车的充电插口通常设置在汽车后翼子板的油箱处。（　　）

7．电动汽车车身前纵梁的位置高度要低于传统燃油汽车。（　　）

8．截至2000年，车身修理中遇到的钢板大多数都是高碳钢。（　　）

9．夹层制振钢板被用于车身的下隔板或行李舱隔板。（　　）

四、简答题

1．汽车车身的功能是什么？

2．承载式车身由哪几部分组成？有哪些优缺点？

3．承载式汽车前车身主要由哪几部分组成？

4．电动汽车B柱结构的作用是什么？

5．简述防锈钢板的类型和应用。

任务2　汽车车身维修的认知

一、填空题

1．车身使用中的物理性损伤分为______________和______________两种。

2．车身钣金修复主要包括____________、____________、____________、装配与调整等内容。

3．车身部件的拆卸除螺母和螺栓拆卸外，还有________、________和________等方式。

4．在汽车钣金修复作业中，腿部防护用品主要有_______和________。

5．汽车涂装修复按照涂装工艺可分为____________、____________、中间涂层涂装、面漆喷涂前准备、____________和涂膜处理与缺陷防治六道基本工序。

6．汽车涂装修复作业常用的手套有________、__________和__________三种。

7．汽车涂装修复作业常用的工作服有____________和____________两种。

8．用碱液清除旧涂层时，必须佩戴____________和____________，并穿戴涂胶围裙和鞋罩。

二、选择题

1．下列选项中，不属于车身钣金件断裂原因的是（　　）。

A．钣金件在制作成型或焊接过程中产生内应力

B．汽车行驶时，车身不断振动使钣金件承受交变载荷

C．汽车处于潮湿的环境，车身表面产生电化学腐蚀

D．汽车紧急制动和急转弯时，车身承受离心力的作用

2．待修车辆进入钣金车间，技术员首先要对车辆进行车身损伤的（　　）。

A．损伤评估　　B．原因分析

C．评估报价　　D．初步检查

3．根据损伤程度的不同，车身部件的修复分为（　　）和更换两种方式。

A．保养　　B．整形

C．维护　　D．焊接

4．在焊接镀锌钢材时，要佩戴（　　）。

A．棉纱口罩　　B．防尘口罩

C．焊接呼吸器　　D．防毒面具

5．在车下作业或者进行拉伸校正操作时要戴（　　）。

A．工作帽　　B．软质安全帽

C．头套　　D．硬质安全帽

6．（　　）的作用是增强车身底材与中间涂层或面涂层之间的附着力。

A．底涂层涂装　　B．底材表面预处理

C．中间涂层涂装　　D．面涂层涂装

7．（　　）多用于汽车涂装中的凹陷填充或外形修复。

A．刷涂　　B．刮涂

C．喷涂　　D．浸涂

8．涂装人员长期接触（　　）会出现慢性中毒的状况，引发白细胞减少、血小板降低或骨髓造血功能障碍等疾病。

A．醇　　B．醛

C．醚　　D．苯

9．（　　）常用于直接接触涂料的场合。

A．棉纱手套　　B．乳胶手套

C．防溶剂手套　　D．劳动手套

三、判断题

1．突发事故性损伤有磨损、撕裂、褶皱、弯曲和扭曲等形式。（　　）

2．高温加热高强度钢板会使钢板的强度和刚度下降。（　　）

3．车身变形校正过程中，若部件出现裂纹或断裂就必须更换。（　　）

4．强烈的弧光会烧伤皮肤，损伤眼睛中的感光细胞。（　　）

5．防护眼镜能在进行锤击、钻孔、磨削和切削等操作时保护眼部。（　　）

6．维修人员在使用打磨机、电钻等旋转工具和设备时不得戴手套。（　　）

7．喷涂含氰化物的油漆时一般佩戴滤筒式呼吸保护器。（　　）

8．在调色场合应穿着清洁的棉质工作服。（　　）

四、简答题

1．什么是汽车车身维修？

2．简述汽车钣金修复作业对人体的主要危害及其影响。

3．简述汽车涂装修复的安全作业要求。

模块二　汽车钣金维修基础

任务 1　汽车钣金维修工具和设备的使用

一、填空题

1. 在汽车修理中，通常使用__________、__________、__________和__________等拆装螺栓和螺母。

2. 旋具的手柄有______和______之分。

3. 常见的汽车钣金维修工具有______________和_______________。

4. 汽车发生碰撞变形后通常使用传统钣金整形工具进行修理，常见的钣金整形工具有______、______、______、_______、_______、_______和锉刀等。

5. 垫铁是一种可以拿在手上的铁砧，与锤子相互配合来完成钣金整形作业，也被称为________或________。

6. 惰性气体保护焊不仅适用于车身______________的焊接，还适用于整体式车身_______________的焊接。

7. 电阻点焊焊机由机箱、__________、____________和带有可更换_______的焊枪组成。

8. 超声波测量系统由________、适配器、测量转换接头、________、_________和超声波接收器等组成。

二、选择题

1.（　　）用于拆卸和更换车身表面的固定螺钉。

A．梅花扳手　　B．锤子

C．旋具　　D．垫铁

2.（　　）适用于狭窄位置的打磨，经常用于处理切割分离后的毛刺、焊接位置坡口和焊接接头。

A．盘式气动打磨机　　B．角磨机

C．砂轮机　　D．带式气动打磨机

3. 进行电阻点焊的主要设备是（　　）。

A．氩弧焊焊机　　B．二氧化碳保护焊焊机

C．电阻点焊焊机　　D．氧乙炔焊接设备

4. 车身外形修复机在修理企业中通常被称为（　　）。

A．拉片机　　B．焊片机

C．焊机　　　　　　　　　　D．介子机

5．超声波测量系统是目前车身测量中应用较多的设备，具有（　　）的特点。

A．随便测量　　　　　　　　B．操作简单

C．便于收纳　　　　　　　　D．适用于任何场地

6．超声波测量系统安装非常简单，其测量可以在（　　）上进行，也可以在设备配套的支架上进行。

A．地面　　　　　　　　　　B．任意平面

C．校正平台　　　　　　　　D．车轮

7．机械式通用测量系统不仅能同时测量所有（　　），而且能使测量更容易、更精确。

A．平行线　　　　　　　　　B．对点

C．基准点　　　　　　　　　D．交叉线

8．超声波测量系统中的超声波接收器接收超声波发射器发出的超声波，并将超声波通过（　　）传送给计算机。

A．电源线　　　　　　　　　B．手机

C．U 盘　　　　　　　　　　D．传输线

三、判断题

1．在操作空间和维修条件受到限制时，一定要使用规定类型的扳手进行维修操作。（　　）

2．车身塑料覆盖件之间通常使用卡扣连接。（　　）

3．捕锤主要用于敲击弧形构件，不可以横击。（　　）

4．撬棒可以与手锤配合来修理损伤，不会破坏钣金件，也不会损伤漆面。（　　）

5．表面修整的目的是提高修理表面的平整度，恢复车身构件的表面质量。（　　）

6．带式气动打磨机由外壳、风叶轮、进尘吸管和打磨盘等组成。（　　）

7．氧乙炔焊接设备由气瓶、减压器、气体导管和焊枪等组成。（　　）

8．电阻点焊只有电极压力和电流强度两个主要焊接参数。（　　）

四、简答题

1．汽车钣金维修使用的锤子有哪些？它们各自有什么作用？

2. 超声波测量系统有哪些使用注意事项？

3. 简述使用车身外形修复机修理局部损伤的步骤。

4. 简述惰性气体保护焊的优点。

任务2 汽车车身覆盖件的拆装

一、填空题

1. 汽车车身构件总体上包括____________和____________两大类。

2. 车身覆盖件主要包括汽车的____________、发动机罩、____________、车门和行李舱门等。

3. 汽车翼子板大多为高强度钢板，一般由____ ~ ____mm 厚的板料拉延成型。

4. 车门是汽车车身的主要部件之一，它不仅为司乘人员上下车提供方便的条件，而且与________、________和________等有着密切的关系。

5. 按照结构不同，汽车保险杠可以分为____________和____________两种。

6. 保险杠一般安装在车架及纵梁上面，在拆装前要仔细查找保险杠在________及________上的安装位置。

二、选择题

1. 车身覆盖件属于装饰件，是一种（　　）薄壳状的受力零件。

A．开放　　B．焊接

C．连接　　D．封闭

2. 在汽车生产和维修时，不允许（　　）上有波纹、褶皱和边缘拉痕等问题。

A．结构件　　B．覆盖件

C．车架　　D．车身

3. 如果汽车发生事故，（　　）材质的覆盖件更容易受损。

A．金属　　B．吸能

C．塑料　　D．碳素

4. 修复后车辆的安全系数会有所下降，因此，（　　）的损伤会被定性为大事故。

A．车身结构件　　B．车身覆盖件

C．车门　　D．保险杠

5. 翼子板是遮盖车轮的车身外板，是非常重要的车身（　　）。

A．结构件　　B．覆盖件

C．车架件　　D．轮胎件

6. 翼子板的作用是防止汽车行驶过程中卷起的泥土和沙石被车轮溅到（　　）。

A．车顶　　B．车厢底部

C．发动机罩　　D．驾驶室

7. 前翼子板大多通过（　　）与车身连接，后端通过中间板与前围支柱相连接。

A．螺栓　　B．焊接方式

C．胶水　　D．铆钉

8. 车门对整车造型起着（　　）作用，并直接影响车身外形的美观度。

A．安全　　B．造型

C．方便　　D．协调

9. 钢制保险杠也称刚性保险杠，通常由厚度为（　　）mm 左右的钢板冲压成型。

A．8　　B．4

C．2　　D．6

三、判断题

1. 汽车车身覆盖件是指构成汽车车身或驾驶室、覆盖发动机和底盘的异形体表面和内部的零件。（　　）

2．如今汽车大多采用重量化设计，很多汽车车身覆盖件由原来的塑料材质变成金属材质。（　　）

3．车身结构件是一体的，但结构件有损伤时，在修复中无须进行校正或切割焊接工作。（　　）

4．发动机罩是遮盖和保护发动机的车身钣金件总成，是发动机舱的上盖板。（　　）

5．翼子板按照安装位置的不同分为前翼子板和后翼子板。（　　）

6．翼子板侧面与挡泥板连接，左、右前翼子板间没有连板。（　　）

7．车门通过焊接与立柱相连接。（　　）

8．普通型汽车保险杠可分为钢制保险杠和整体成型树脂型保险杠两种。（　　）

四、简答题

1．车身结构件包括哪些部分？

2．发动机罩的作用是什么？

3．发动机罩主要由哪些零件组成？

4．简述汽车车门的拆装工艺。

任务3　汽车钣金件的制作

一、填空题

1．汽车钣金件的制作包括钣金件的______、______、______和______四个步骤。

2．把构件的展开图画到施工板料或纸板上的过程称为______。

3．钢直尺是最简单的长度量具，在钣金件的________、________和________中应用非常广泛。

4．当工件下料的数量较多时，为使板料得到充分利用，必须对______________或______________进行排样套裁。

5．锤打时若发现加工硬化现象，应及时进行__________，以防工件出现__________。

6．收边有__________和__________两种方法。

7．卷边分为________和__________两种。

二、选择题

1．在汽车钣金件制作过程中，将构件的立体表面按实际形状和尺寸依次展开在一个平面上的过程称为（　　）。

A．放样　　B．收边
C．展开　　D．卷边

2．钣金件展开图的尺寸与实物是一模一样的，也就是按（　　）的比例展开。

A．1∶3　　B．1∶2
C．1∶1　　D．1∶4

3．为了合理使用材料，通常将使用同样牌号、有同样厚度的工件集中一次划线下料，这种下料方法称为（　　）。

A．卷边　　B．零料拼整法
C．集中下料法　　D．排板套裁法

4．简易的手工制筋方法有用（　　）和用简易模具制筋两种。

A．划针制筋　　B．扁冲制筋
C．样冲制筋　　D．撬棒制筋

5．通过让板料变薄而使角形零件弯曲成型的方法称为（　　）。

A．收边　　B．卷边
C．放边　　D．弯曲

6．（　　）卷边会在零件的边缘内嵌入一根铁丝，以增强零件边缘的刚度。

A．填充　　B．放样
C．夹丝　　D．收边

7．用手工操作将金属材料沿直线或曲线弯曲成一定角度或弧度的工艺过程称为（　　）。

A．放边　　　　B．收边

C．弯曲　　　　D．卷边

三、判断题

1．将构件的立体表面展开在一个平面上所得到的平面图形称为展开图。（　　）

2．根据正投影原理，只有当立体表面的轮廓线（素线）与投影面不平行时，它们的投影才能反映实际长度。（　　）

3．旋转法会将一般位置的直线段旋转为投影面平行线。（　　）

4．平行线展开法的原理是在立体表面上相互平行的各个素线展开以后还是相互平行的。（　　）

5．放样是把展开图画到施工板料上的过程，常用的放样工具只有划针。（　　）

6．手动剪刀一般用于单件生产或半成品修整的工作。（　　）

7．手动剪刀只能剪切厚度为 0.8 mm 的金属板料。（　　）

8．在钣金件表面上制出各种凸筋可以提高其刚度和使用性能，增加美感。（　　）

9．板件弯曲是钣金成型的基本操作工艺，弯曲的形式一般只有一种，即弧形弯曲。（　　）

四、简答题

1．简述放射线展开法的原理。

2．简述夹丝卷边的操作方法。

3．简述弯曲变形的特点。

4. 简述咬缝的制作方法和注意事项。

任务 4 汽车钣金件的焊接

一、填空题

1. 根据焊枪与板件相对位置不同，二氧化碳气体保护焊可分为__________、__________、__________和__________四种类型。

2. 根据板件连接方式不同，二氧化碳气体保护焊可分为______、______和______三种类型。

3. 平焊时焊枪应在焊缝上做小幅度的____________，不能向两侧做________。

4. 向下立焊时焊枪的倾斜角一般为________，向上立焊时焊枪的倾斜角一般为________。

5. 焊接厚板时一般采用焊枪______的焊接方法，焊接薄板时则采用焊枪______的焊接方法。

6. 仰焊是板件位于焊接人员头部上方，焊接人员要将焊枪________并________焊接位置的一种焊接方法。

7. 塞焊孔的直径一般为________ mm，当塞焊孔较大时，应将焊枪沿孔缘缓慢地做圆周运动，呈空心圆形式进行填充。

8. 对接焊是将两个相邻的金属板件边缘连接在一起，沿着两个金属板件的对接缝隙进行______的焊接方式。

9. 搭接焊是将两块金属板件的搭接边缘________的一种焊接方式。

二、选择题

1. 平焊时板件焊缝处于水平位置，通常焊枪采用的倾斜角为（　　）。

A. 15° ~ 20°　　B. 20° ~ 30°

C. 10° ~ 15°　　D. 30° ~ 40°

2. 平焊时在焊缝起始处引燃电弧，焊枪会在（　　）s 内形成第一个焊点。

A. 1 ~ 2　　B. 0.5 ~ 1

C. 1 ~ 3　　D. 1 ~ 7

3. 二氧化碳气体保护焊立焊可分为（　　）立焊和向下立焊两种方法。

A. 向左　　B. 向右

C. 向前　　D. 向上

4. 立焊的焊接方法与平焊相同，在焊接过程中，要始终保持焊枪喷嘴与板件之间有（　　）mm 的距离。

A. 4 ~ 5　　B. 5 ~ 7

C. 5 ~ 6　　D. 5 ~ 8

5. 仰焊一般采用（　　）的焊接方法。

A. 从前到后　　B. 从左到右

C. 从右到左　　D. 从远到近

6. 在车身维修中，一般用（　　）来代替汽车制造时所用的电阻点焊。

A. 搭接焊　　B. 对接焊

C. 塞焊　　D. 连续焊

7. 在塞焊时应尽量将焊枪与板件靠得近一些，一般距离不超过（　　）mm，以保证焊接质量。

A. 10　　B. 12

C. 13　　D. 14

8. 在对接焊时每次焊接的长度不可超过（　　）mm，焊缝的宽度和高度应保持一致。

A. 10　　B. 20

C. 30　　D. 40

9. 电阻点焊在汽车制造与维修中得到广泛使用，在整体式车身的焊接中占比为（　　）。

A. 80% ~ 85%　　B. 60% ~ 65%

C. 90% ~ 95%　　D. 70% ~ 75%

三、判断题

1. 电弧长度直接关系着焊接质量的好坏，电弧长度的大小由电弧电压决定。（　　）

2. 一般情况下，焊枪喷嘴到板件的标准距离为 8 ~ 9 mm。 (　　)

3. 在焊接电流不变的情况下焊接不同厚度的板件，不需要对焊机的送丝速度进行调整。 (　　)

4. 焊点到板件边缘的距离由电极的位置决定，距离太小不会使焊点的强度降低。 (　　)

5. 电阻点焊焊接不能沿着一个方向连续地进行，因为附近的焊点会使焊接电流分流，从而降低焊接质量。 (　　)

6. 若两个焊接表面之间存有间隙，间隙不会影响焊接电流的通过，也不会降低焊接强度。 (　　)

7. 破坏性检验是将试焊后的板件扭转和撕裂以判断焊接质量的方法。 (　　)

四、简答题

1. 二氧化碳气体保护焊的电弧长度对焊接质量有哪些影响？

2. 简述电阻点焊焊点质量的检验方法。

3. 二氧化碳气体保护焊的焊接电流大小对焊接有哪些影响？

4. 简述破坏性检验的基本步骤。

模块三　汽车车身构件的维修

任务 1　汽车车身覆盖件的维修

一、填空题

1. 根据板件的强度和大小，车身金属覆盖件的切割可分为________和________两种方法。

2. 手工剪切常用的工具是________和________。

3. 手工剪切方法有__________、____________、____________和____________等。

4. 塑料可分为__________和__________两大类。

5. 塑料覆盖件多使用______、______或胶黏剂进行安装与固定，可以参照汽车制造厂提供的车身维修手册来对其进行拆卸。

6. 焊接塑料板件时，焊枪喷嘴与板件表面要保持____，焊枪喷嘴应距板件表面______ mm。

7. 焊接校正停止加热后，还须对焊条____________并保持几秒钟，待焊条冷却到____________时，用气动剪刀切下多余的焊条。

二、选择题

1. 直线的剪切法是用剪刀沿着（　　）轨迹剪切板料的方法。

A. 弯曲　　B. 直线

C. 前后　　D. 圆形

2. 外圆的剪切法应从圆形板料的左边下剪，按（　　）方向剪切，边料会随着剪刀的移动而向上卷起。

A. 顺时针　　B. 逆时针

C. 从前向后　　D. 从右向左

3. 内圆的剪切法应从圆形孔的右边下剪，按（　　）方向剪切，边料会随着剪刀的移动而向上卷起。

A. 顺时针　　B. 从右向左

C. 逆时针　　D. 从前向后

4. 在塑料覆盖件的维修中，如果塑料覆盖件的损伤面积较大，已无维修的必要，则只能将其（　　）。

A. 更换　　B. 局部修理

C. 修理　　D. 热加工

5. 许多热塑性塑料板件在发生轻微的弯曲或变形时，可以用（　　）校正的方法进行维修。

A．冷却　　B．加热

C．切割　　D．更换

6．在焊接校正前，先在塑料板件的焊接处开出 V 形焊缝坡口，然后将焊条头部切出约（　　）的斜角。

A．60°　　B．80°

C．70°　　D．90°

7．热塑性塑料的冷却大约需要（　　）min。

A．30　　B．50

C．40　　D．70

三、判断题

1．车身覆盖件出现变形可以通过整形的方法修复。（　　）

2．对切割下来的板件可进行整形修复，即使损伤严重也不需要更换。（　　）

3．在对塑料覆盖件进行修理前，不需要鉴别所修塑料覆盖件的类别。（　　）

4．一般情况下，能浮在水面上的是热固性塑料，会沉入水底的是热塑性塑料。（　　）

5．焊接塑料板件时，先用热风加热焊条和板件，再将热熔的焊条压进 V 形焊缝坡口。（　　）

6．焊接好塑料板件并停止加热后，可以马上拿掉焊条。（　　）

四、简答题

1．简述厚钢板料的剪切法。

2．怎样用试焊试验的方法判别塑料的类型？

3．简述胶黏修补的操作过程。

4. 简述加热校正的操作过程。

任务2 汽车车身钣金覆盖件的变形修复

一、填空题

1. 车身钣金覆盖件变形的手工修复方法可分为______和______两种。

2. 用车身外形修复机修复凹陷的钣金覆盖件要经过____________________和____________________两个基本步骤。

3. 当板件损坏部位受到压缩后，它的金属晶粒____________，从而使板面变薄并存在一定程度的____________现象。

4. 正托法适用于修理较轻的_________，使其恢复原来的形状。

5. 正托法能有效地对金属__________的区域进行应力释放。

6. 用惯性锤修理凹陷变形时，要根据需要选择好焊接的_____和____，依次修复损伤区域，使其符合技术要求。

7. 在收缩处理前，修理人员要判断损坏部位的金属是否____________。

二、选择题

1.（　　）可应用于金属应力释放（松弛金属）和金属表面的整平。

A．正托法　　B．偏托法

C．手锤直接在板件上敲击方法　　D．手锤间接在板件上敲击方法

2. 用惯性锤修理凹陷变形时应将惯性锤快速向后拉动，利用惯性锤的（　　）使焊接处产生拉力。

A．敲击　　B．惯性

C．牵引　　D．变形

3. 用惯性锤修理凹陷变形时，首先要确定需要被拉伸的（　　）。

A．方向　　B．点

C．力度　　D．距离

4．运用收缩处理的方法可使金属晶粒恢复到原有的（　　）和厚度。

A．大小　　B．形状

C．长度　　D．宽度

5．较轻的隆起变形可用（　　）进行收缩。

A．冷作敲击法　　B．电热法

C．冷冻处理法　　D．机械抛丸法

6．用电热法收缩板件的隆起时，车身外形修复机的电流应调整到（　　）A 之间。

A．10 ~ 20　　B．20 ~ 40

C．30 ~ 50　　D．40 ~ 60

三、判断题

1．偏托法多用于敲击平坦或低拱形的金属板。（　　）

2．惯性锤的惯性可以使焊接处产生拉力，致使凹陷部位被拉出来。（　　）

3．用惯性锤敲击被拉伸的点周围的拱起位置，既可消除板件应力，也有助于修复凹陷部位，减少后续的收缩处理工作。（　　）

4．冷作敲击法要用钣金锤与垫铁配合操作。（　　）

5．电热法是利用电热对变形板件进行加热收缩操作的方法。（　　）

6．表面的收缩处理主要针对变形表面高于原有金属板件表面的情形。（　　）

7．冷作敲击法不能使损伤变形区域的金属恢复原状。（　　）

四、简答题

1．简述正托法的注意事项。

2．简述电热法的工艺。

3．简述偏托法的工艺。

任务3　汽车车身结构件的更换

一、填空题

1．汽车车身结构件主要有________、____、____、____、____、________、护轮板、地板和行李舱隔板等。

2．______是构成车身侧框架的钣金结构件，也是非常重要的车身______。

3．前立柱的作用是作为乘客区__________、固定__________，以及安装________等。

4．中立柱为车顶盖提供中间支承，为前车门提供__________，又兼作后车门的________。

5．后立柱一般由后上立柱和_______焊接而成，它为中间车门侧围框架梁提供_________，后上立柱兼作__________，用于固定风窗玻璃。

6．用于更换车身结构件的常用工具和设备有二氧化碳气体保护焊焊机、__________、__________、__________和气动打磨机等。

7．前纵梁采用_________的方式与车身相连，在更换前纵梁前应先确认________的位置。

8．切割后纵梁前，要根据后纵梁的损伤情况确定_________，在行李舱地板和后纵梁上进行测量并标记______的位置。

9．在更换行李舱地板时，更换板的边缘要比原有板多出____ mm，除去板件上的毛刺，并钻好____ mm左右的塞焊孔。

二、选择题

1．更换前纵梁时，发动机一侧纵梁的截断位置应距前围约（　　）mm。

A．508　　B．407

C．206　　D．305

2．更换前纵梁时，护轮板侧的截断位置应取在发动机侧切口后方（　　）mm处。

A．90 ~ 120　　B．80 ~ 120

C．100 ~ 120　　D．110 ~ 120

3．更换前纵梁时，构件的切割长度要比更换长度多（　　）mm。

A．1.5 ~ 6　　B．3.5 ~ 6

C．2.5 ~ 6　　D．4.5 ~ 6

4．前立柱的更换修理可以采用（　　）对接或无插入件偏置对接的方法。

A．填充　　B．焊接

C．插入件　　D．塞焊

5．更换行李舱地板时，应在所有焊接位置进行焊缝保护处理，在接合面上方用软嵌条做嵌缝处理，在下方加上（　　），最后在修理表面喷涂防锈底漆和面漆。

A．搭接焊　　B．对接焊

C．接缝密封胶　　D．铆接

三、判断题

1．地板通常是分部分冲压成型的。（　　）

2．纵梁内外侧的连接处往往都涂有密封胶和吸音材料，不需要去除这些材料就能找到焊点。（　　）

3．在内部加强件附近进行切割操作时必须特别小心，如果把内部加强件锯伤出小切口，必须把它焊好。（　　）

4．在更换前纵梁时，为了保证搭接良好，应在车身原结构件伸出端的拐角处仔细做出开口。（　　）

5．塞焊重叠区时要交替焊接，以减小热量对板件的影响。（　　）

四、简答题

1．简述前纵梁的更换步骤。

2．简述更换后纵梁时接合准备的步骤。

3．地板的作用是什么?

4．简述后侧围板更换修理的过程。

模块四　汽车车身变形的校正

任务1　汽车车身碰撞的分析与检查

一、填空题

1．前部碰撞往往是由车身前部撞上另一辆车或其他物体引起的损坏，碰撞力的大小取决于______、______、______以及________等的大小。

2．前部碰撞时，如果碰撞较严重，前翼子板将撞到前车门，发动机罩________将上弯碰到发动机罩，__________将与前悬架横梁相碰。

3．后部碰撞时，如果碰撞较轻，________、______、________和____等会发生形变。

4．侧向碰撞会使______、________、__________甚至地板等发生不同程度的形变。

5．顶部碰撞不仅会损伤车顶板，还有可能损坏__________、__________和____。

6．在碰撞中，横向行驶的汽车除产生_________外，还会被纵向行驶的汽车__________。

7．在碰撞中，由于乘员具有惯性，______、___________、______和座椅靠背等容易受到损坏。

二、选择题

1．前部碰撞时，如果碰撞非常严重，前（　　）和前车身立柱将弯曲变形。

A．翼子板裙边　　B．保险杠

C．车门　　D．轮胎

2．如果前部碰撞与车身轴线有一个夹角，会发生侧向（　　）变形。

A．断裂　　B．弯折

C．菱形　　D．弯曲

3．如果前翼子板中部受到撞击，前轮将会（　　）。

A．向前变形　　B．向左变形

C．后缩　　D．向右变形

4．如果前翼子板中部受到撞击，碰撞力将通过前悬架横梁传递给（　　）。

A．轮胎　　B．两侧纵梁

C．翼子板　　D．保险杠

5．侧向碰撞时，如果碰撞严重，会引起汽车前部、中部或后部的（　　）变形。

A．断裂　　B．弯折

C．菱形　　D．弯曲

6．有时车辆翻滚会造成车身前部或（　　）的损坏。

A．侧面　　　　　　　　　　　B．后部

C．上部　　　　　　　　　　　D．车底

7．车辆以一定的速度碰撞，被撞击的物体不同，车辆的（　　）也有很大不同。

A．损坏程度　　　　　　　　　B．撞击力

C．速度　　　　　　　　　　　D．轮胎

8．当汽车受到碰撞后，一些沉重部件（如发动机）的惯性会转化成巨大的作用力，使部件向（　　）移动而受到冲击。

A．左　　　　　　　　　　　　B．右

C．相反方向　　　　　　　　　D．前

三、判断题

1．后部碰撞是指由倒车或被另一辆车追尾引起的碰撞。（　）

2．侧向碰撞是指车身正面受到的其他车辆或物体的碰撞。（　）

3．由于碰撞发生时驾驶员的第一反应是绕开障碍物，损伤一般不会发生在车身侧面。（　）

4．顶部碰撞损伤是由高空落物或汽车翻滚引起的损伤。（　）

5．以前部碰撞为例，碰撞位置通常分为前部较高部位和前部上方两种。（　）

6．车辆碰撞墙壁，碰撞面积较大时损坏程度较轻。（　）

7．不同类型的车辆碰撞产生的形变一样。（　）

四、简答题

1．影响车身碰撞损伤的因素有哪些？

2．车身碰撞检查的基本步骤是什么？

3. 简述进行碰撞损伤分析时的注意事项。

4. 怎样通过车身部件之间的间隙和配合情况判断车身碰撞损伤？

任务2 汽车车身变形的测量与校正

一、填空题

1. ______________是指对车身所有主要加工控制点的________进行测量，然后将测量的____________与车辆生产商提供的____________数据作比较，从而确定车身整体变形量的过程。

2. 在车身前部受损后，必须对汽车发动机罩及前端部件进行_______或_______。

3. 可以使用_________和______来测量车身前部的尺寸。

4. 车身侧面的损伤可以通过________________或检验_________与车门框周边间隙的均匀程度来判断。

5. 测量车身后部尺寸时要结合车身底部的____________，以便为维修工作提供有效的____________。

6. 用钢直尺测量数据时，要有一个______作为________的起点。

7. ________是一个假想的平整表面，它与________平行并保持固定的距离。

8. 为了正确分析汽车的损伤情况，可将汽车看作一个矩形结构并将其分成____、____和____三部分，横截三部分的基准面称为零平面。

9. 量规主要有__________、____________和____________________等种类。

二、选择题

1. 使用（　　）进行测量的最佳位置为悬架及机械装置上的测量点。

A．轨道式量规　　B．中心量规
C．卷尺　　D．麦弗逊撑杆式中心量规

2．利用车身的（　　）对称性进行对角线测量，可检测出车身侧面和车门框的变形情况。

A．前后　　B．左右
C．上下　　D．车顶

3．车身（　　）发生碰撞的变形情况可通过行李舱门开关时的状况来检测。

A．中部　　B．前部
C．上部　　D．后部

4．（　　）将汽车分成左右对等的两大部分。

A．中心面　　B．车底
C．零平面　　D．车顶

5．所有的测量及对中观测数据都与（　　）有关。

A．中心面　　B．零平面
C．基准面　　D．车顶

6．（　　）多用于测量孔对孔之间的距离。

A．轨道式量规　　B．中心量规
C．卷尺　　D．麦弗逊撑杆式中心量规

7．（　　）中最常用的是自定心量规。

A．中心量规　　B．轨道式量规
C．卷尺　　D．麦弗逊撑杆式中心量规

8．（　　）一般安装在减振器支座上。

A．中心量规　　B．麦弗逊撑杆式中心量规
C．卷尺　　D．轨道式量规

三、判断题

1．在修复或装配的过程中都需要进行测量检验。（　　）

2．汽车所有的高度尺寸数据都是结合基准面测得的。（　　）

3．零平面可以看作观测车身结构对中情况的基础。（　　）

4．车身维修人员常用的基本测量工具只有钢直尺。（　　）

5．量规主要分为轨道式量规、中心量规和麦弗逊撑杆式中心量规等，它们既可以单独使用，也可以相互配合使用。（　　）

6．电子式车身测量系统是使用计算机和传感器测量车身结构损伤情况的设备。（　　）

四、简答题

1．简述拉伸校正的基本原则。

2. 校正平台的操作注意事项有哪些？

3. 车身变形校正的注意事项有哪些？

4. 简述车身变形校正的拉伸方式及注意事项。

模块五　汽车涂装维修设备与材料的使用

任务1　汽车涂装维修设备的使用

一、填空题

1. 汽车涂装维修设备按照涂装维修的施工工艺可分为____________________、打磨设备、________、干燥设备和__________五类。

2. 压缩空气供给系统一般由____________、________、空气干燥器、油水分离器、____________及各种辅助元件组成。

3. 储气罐罐壁上安装有________、进气口、出气口、________和________。

4. 按照提供动力方式的不同，无尘干磨系统分为________________和________________两种。

5. 无尘干磨系统主要由_____________、伺服系统、______、吸尘软管和____________等组成。

6. 空气喷枪主要由______、喷嘴、______、扳机、空气阀、________和手柄等组成。

7. 根据涂料供给方式的不同，喷枪可分为__________、__________和__________三种类型。

8. 电加热式远红外线烤灯由______、________和________三部分组成。

9. 调色的常用设备有________、________、________和______等。

二、选择题

1.（　　）主要用于降低压缩空气的温度，它既可以吸收气流的热量，又可以清除气流中的杂质、油和水。

A．干燥器　　　　B．冷冻干燥机

C．分离器　　　　D．加湿器

2.（　　）主要用于消除钣金焊点和除旧漆作业。

A．气动单作用打磨机　　　　B．气动双作用打磨机

C．气动轨道式打磨机　　　　D．抛光机

3. 一般偏心距为（　　）mm 的打磨机用于打磨漆面。

A．3　　　　B．5

C．7　　　　D．9

4. 在使用无尘干磨系统清除旧涂层时，要将打磨机叶轮左上方的（　　）处对准加工表面。

A．1/2
B．1/3
C．1/4
D．1/5

5.（　　）用喷枪主要用于色漆层和清漆层的喷涂。

A．底漆
B．中涂
C．环保
D．面漆

6.（　　）喷枪工作气压低、非常安静、涂料反弹率小，且涂料利用率在 65% 以上。

A．环保型高流量低气压
B．传统高压
C．低流量中气压
D．吸力进给

7. 2 K 比例尺上有三列刻度，从左侧起第二列表示（　　）的加入量。

A．稀释剂
B．固化剂
C．涂料
D．溶剂

三、判断题

1．同一管径的气体输送管路越长，空气通过的气压降就越小。（　　）
2．常见的快速接头和插头按惯用标准可分为亚式和欧式两种。（　　）
3．单节油水分离器过滤的空气被应用于喷涂工位。（　　）
4．海绵式抛光垫通常与中、粗颗粒的抛光剂配套使用。（　　）
5．重力式喷枪用于喷涂较稠的涂料。（　　）
6．在调色过程中，经常用调漆比例尺来代替调漆尺。（　　）
7．调漆机是用来称量涂料的调色设备。（　　）

四、简答题

1．安全阀的作用是什么？

2．怎样打磨大面积的平整漆面？

3．涂料喷涂时如何选择空气喷枪？

4. 简述烤漆房的组成与作用。

任务 2　汽车涂装材料的认知

一、填空题

1. 汽车涂料是指涂布在车身表面，能够形成具有______、______或其他特殊功能的固态涂膜的涂装材料。

2. 汽车涂料大多为树脂涂料，它由______、颜料、______和添加剂四部分组成。

3. 按照作用的不同，溶剂可分为________、助溶剂和_________三种。

4. 汽车用底漆要具有很强的防锈能力和________，并与上层涂料有很好的______。

5. 原子灰是一种专门用于填平____________，恢复车身板件___________的膏糊状涂料。

6. 汽车涂装常用的除油剂分为________________、化学除油剂和__________三种。

7. 金属表面调整剂适用于____、铝和____等金属磷化前的活化处理。

8. 根据作业方式不同，汽车涂装用砂纸可分为______砂纸和______砂纸两种。

9. 汽车涂装常用的遮盖材料有________、遮盖膜、__________和遮盖胶带等。

二、选择题

1. （　　）是涂料的主要成膜物质，对涂料的性能起着决定性的作用。

A. 添加剂　　B. 溶剂

C. 颜料　　D. 树脂

2. （　　）对特定的树脂不会起到溶解的作用，但可以减少溶剂和产品的消耗。

A. 真溶剂　　B. 稀释剂

C. 助溶剂　　D. 添加剂

3. 调配好的磷化底漆必须在（　　）h 内用完。

A. 3　　B. 8

C. 12　　D. 18

4. 表面（　　）底漆是喷涂面漆前的最后一道中间漆。

A. 中涂　　B. 封闭

C. 环氧　　D. 电泳

5. 汽车面涂层是车身涂层的外衣，其主要功能是确保车身涂层的（　　），提高车身涂层的耐候性和抗划伤性。

A．防潮性　　B．耐磨性
C．装饰性　　D．保护性

6．（　　）是由蜡基或石油基制成的化合物。

A．防锈剂　　B．表面活性剂
C．防腐膏　　D．表面调整剂

7．表面活性剂用于清除与（　　）物质不起反应的矿物油。

A．酸性　　B．中性
C．碱性　　D．油性

8．接口水是一种强力（　　）。

A．溶剂　　B．固化剂
C．除油剂　　D．净化剂

9．干磨砂纸有 P40 ~ P4000 多种规格，其中（　　）用于处理汽车涂装底材。

A．P40 ~ P200　　B．P40 ~ P300
C．P40 ~ P400　　D．P40 ~ P500

三、判断题

1．现代汽车涂料大多将天然树脂作为基料。（　　）
2．溶剂能调整涂料的干燥特性，提高涂膜的表面平整度。（　　）
3．环氧底漆是物理隔绝防腐底漆的代表。（　　）
4．PVC 涂料也称聚氯乙烯涂料，它具有良好的耐腐蚀性。（　　）
5．防锈剂通常用于不宜使用防腐膏覆盖的地方。（　　）
6．在使用碱性除油剂时，应根据金属底材质地的不同，相应地控制碱性除油剂的 pH 值。（　　）
7．固化剂也具有稀释涂料的作用，但不可当作稀释剂使用。（　　）
8．细蜡的研磨作用要优于其上光作用。（　　）
9．P600 ~ P1500 干磨砂纸用于清除漆面的颗粒、橘皮和脏点。（　　）

四、简答题

1．汽车涂料应具备哪些性能？

2．汽车用中间涂料应具备哪些性能？

3．根据施工条件和施工对象的不同，稀释剂可分为哪几种类型？它们分别适用于哪些场合？

4．简述抛光剂中粗蜡的主要作用和特点。

任务 3　汽车涂装材料的调配

一、填空题

1．物体颜色的产生必须具备______、______和________三个要素。

2．物体的颜色可分为______和______两大类。

3．颜色三属性分别是______、明度和______。

4．彩度又称________或______，是指反射或透射光线接近______的程度。

5．物体的颜色会因______、物体和__________等的变化而变化。

6．______、______和______被称为物体的三原色，也被称为第一色。

7．进行调色作业时应穿戴的防护用具有______、护目镜、________________、防静电工作服、__________和工作鞋等。

8．在配制涂料时需要了解__________、涂料的配制比例和__________等知识。

9．我国主要使用__________和__________来度量涂料的黏度。

10．颜色的比较就是把__________与__________放在一起，用肉眼观察它们的颜色是否相同的方法。

二、选择题

1．物体如果反射了太阳光中全部单色光的（　　）以上，就呈现白色。

A．15%　　B．25%

C．55%　　D．75%

2．（　　）是颜色的最基本特征，也是颜色彼此区分的最明显特征。

A．色调　　B．明度

C．纯度　　D．彩度

3．在颜色中加入（　　）可以提高混合颜色的明度。

A．红色　　B．蓝色

C．黑色　　D．白色

4．侧面观察是指目光斜视色板，以视线与色板成（　　）侧角来观察，此方法主要用于观察底色调。

A．35° 或 110°　　B．45° 或 135°

C．15° 或 135°　　D．45° 或 110°

5．当在车身上查找不到颜色信息时，可以通过汽车使用说明书或汽车涂料供应商提供的颜色资料来查找（　　）。

A．颜色配方　　B．颜色属性

C．颜色代码　　D．颜色成分

6．电子秤清零后，其显示器上应显示（　　）g。

A．0.0　　B．0

C．0.00　　D．0.000

7．双组分涂料的配制比例由三个数据组成（如 4 ∶ 1 ∶ 1），第一个数据表示（　　）的体积数。

A．涂料　　B．稀释剂

C．固化剂　　D．添加剂

8．使用 DIN-4 杯检测黏度，在 23 ℃时金属底色漆的施工黏度通常为（　　）s。

A．17 ~ 19　　B．20 ~ 22

C．22 ~ 24　　D．27 ~ 28

9．在分析试板与目标颜色的差异时，对金属漆除分析颜色三属性外，还要分析涂膜正面、侧面的（　　）程度，以及金属颗粒的种类和大小。

A．鲜艳　　B．亮暗

C．饱和　　D．反光

三、判断题

1．物体如果只反射太阳光中全部单色光的 10% 以下，其余的单色光被其吸收，就呈现黑色。（ ）

2．不同的颜色即使反射率相同，明度也各不相同。（ ）

3．粗糙表面物体的固有色表现不强，而且易受环境色干扰。（ ）

4．在调色时加入黑色或白色可以使原颜色的色调减弱、改变，甚至消失。（ ）

5．金属漆调色时可以用刮涂法和喷涂法制作比色试板。（ ）

6．在调色前应保证使用调漆机搅拌色母 5 min 以上。（ ）

7．涂料搅拌的动作不能过于剧烈，否则会使涂料因混入空气而产生气泡。（ ）

四、简答题

1．物体的颜色是怎样产生的？

2．什么是互补色，调色时怎样使用互补色？

3．什么是配方调色？

4．简述双组分涂料配制的基本步骤。

模块六　汽车涂装维修工艺

任务 1　汽车涂装施工前的准备

一、填空题

1．汽车涂装施工前的准备主要包含＿＿＿＿＿＿＿＿＿＿、＿＿＿＿＿＿＿＿＿＿、＿＿＿＿＿＿＿＿＿和＿＿＿＿＿＿等内容。

2．车身表面清洁常用的工具和设备有＿＿＿＿、洗车刷和＿＿＿＿＿＿等。

3．常用的评估车身涂膜损伤程度的方法有＿＿＿＿＿、＿＿＿＿＿和＿＿＿＿＿。

4．车身涂装维修工艺按照修补面积的大小可分为＿＿＿、＿＿＿＿＿＿和＿＿＿＿＿。

5．在选择车身修补涂装工艺时一般会综合考虑＿＿＿＿＿＿、涂膜的损伤情况、＿＿＿＿＿＿和＿＿＿＿＿＿等方面。

6．鉴别车身涂膜是否有过修补的方法有＿＿＿和＿＿＿＿＿＿＿。

7．修补的涂层要有良好的＿＿＿、较好的＿＿＿和＿＿＿＿。

8．影响面漆消耗量的因素有＿＿＿＿＿、涂装方法、＿＿＿＿＿＿＿＿、操作熟练程度，以及＿＿＿＿等。

9．施工条件指施工时的＿＿＿＿、湿度、＿＿＿＿＿、风速和＿＿＿等。

10．估计面漆用量的方法有＿＿＿和＿＿＿＿＿。

二、选择题

1．若需清洗大量的抛光剂，在擦干车身表面后要用（　　）砂纸对车身进行打磨。

A．P240 或 P320　　B．P320 或 P400

C．P500 或 P600　　D．P600 或 P800

2．点修补适用于车身某个部位由于小的划伤需要进行微小局部喷涂的情况，其部件的划伤面积一般在（　　）cm^2 之内。

A．5　　B．10

C．15　　D．20

3．车身上（　　）的视觉效果不太明显，可进行各种颜色的局部修补涂装。

A．A 区　　B．B 区

C．C 区　　D．D 区

4．当底色漆为（　　）色时，若待修补区域在板面中间部位，不可在小范围内采用点修补工艺。

A．深　　B．浅

C．白　　　　　　　　　　　　　　　　D．黑

5．镀锌板必须在经过（　　）处理后才能涂装。

A．钝化和磷化　　　　　　　　　　　　B．钝化和氧化

C．磷化和氧化　　　　　　　　　　　　D．氧化和粗化

6．加热判定法是指用（　　）砂纸对涂膜表面进行湿打磨，然后用红外线烤灯烘烤的方法。

A．P300 ~ P400　　　　　　　　　　　B．P500 ~ P600

C．P800 ~ P1000　　　　　　　　　　 D．P1000 ~ P1200

7．修补面漆要能在（　　）℃烘烤成膜。

A．30 ~ 40　　　　　　　　　　　　　B．50 ~ 60

C．60 ~ 80　　　　　　　　　　　　　D．80 ~ 100

8．涂料的颜色越浅，遮盖力就越（　　），涂料的消耗量也就越（　　）。

A．差　　小　　　　　　　　　　　　B．差　　大

C．好　　小　　　　　　　　　　　　D．好　　大

9．如果使用普通空气喷枪进行喷涂，涂料的利用率只有（　　）。

A．10% ~ 20%　　　　　　　　　　　B．20% ~ 40%

C．30% ~ 50%　　　　　　　　　　　D．40% ~ 60%

三、判断题

1．目测评估要在强光下进行。（　　）

2．大客车和货车对涂装要求不高，在涂装时通常会省略中间涂层涂装工序。（　　）

3．车身上 A 区最为显眼，不宜采用点修补工艺。（　　）

4．在喷涂金属板件时，一般应选用具有较强防锈能力及良好附着力的涂料。（　　）

5．在选择涂料时应遵循底弱上强的原则，以防产生“咬底”现象。（　　）

6．板件表面越粗糙，形状越复杂，涂料的消耗量越大。（　　）

7．在实际生产中涂料的用量经常以体积为单位，涂料的最小用量为 0.2 L。（　　）

8．修补面漆应与原车面漆性能相同。（　　）

9．双组分型和烘干型涂料干燥后形成的涂膜硬度低，挥发干燥型涂料形成的涂膜硬度高。（　　）

四、简答题

1．如何使用触摸评估法进行车身涂膜损伤的评估？

2．如何根据涂膜的受损面积选择修补涂装工艺？

3．如何使用溶剂擦拭法鉴别原涂膜的涂料类型？

4．简述车身修补涂料选用的一般原则。

任务 2　汽车车身表面的处理

一、填空题

1．汽车车身底材表面的处理包括____________、底涂层涂装、____________和中涂底漆涂层涂装四部分内容。

2．表面预处理具有保证涂层质量、______________、______________和改进涂层外观的作用。

3．常用的清除旧涂层的方法有_____、_____和______三种。

4．塑料表面的预处理包括___________、化学处理、___________和静电除尘等工艺。

5．底涂层涂装一般分为底漆喷涂前准备、_______、干燥底漆和_______四个步骤。

6．原子灰的刮涂包括_____________、清洁待刮涂板件、___________和刮涂原子灰四个步骤。

7. 原子灰的刮涂可以分为原子灰______、______、______和______四个步骤。

8. 中涂底漆涂层的修整包括________、中涂底漆涂层的打磨和__________等内容。

9. 面漆喷涂前打磨的目的是________________、制造旧涂膜表面的微小磨痕和____________________。

二、选择题

1. 用打磨机打磨羽状边时的打磨气压一般为（　　）kPa。

A. 300 ~ 400　　B. 500 ~ 600

C. 600 ~ 700　　D. 700 ~ 800

2. 预处理裸金属表面时，磷化底漆和磷化液的混合比例是（　　）。

A. 1 ∶ 1　　B. 2 ∶ 1

C. 3 ∶ 1　　D. 4 ∶ 1

3. 在喷涂黏度高的隔绝底漆（如环氧底漆）时，应选用（　　）mm 口径的底漆喷枪。

A. 1.1 ~ 1.3　　B. 1.3 ~ 1.5

C. 1.5 ~ 1.7　　D. 1.7 ~ 1.9

4. 原子灰的覆盖范围一般要超出裸金属边缘（　　）mm。

A. 5 ~ 10　　B. 10 ~ 20

C. 20 ~ 30　　D. 30 ~ 40

5. 原子灰混合固化剂后的活化寿命在常温下只有（　　）min。

A. 1 ~ 2　　B. 3 ~ 4

C. 5 ~ 7　　D. 8 ~ 10

6. 用原子灰进行修饰时，刮板与涂面应成（　　）角。

A. 15°　　B. 35°

C. 45°　　D. 75°

7. 中涂底漆喷涂前的打磨范围一般应超出原子灰边缘（　　）mm。

A. 80　　B. 100

C. 180　　D. 200

8. 在 60 ℃的条件下，中涂底漆涂层表面的修补原子灰只要用红外线烤灯烘烤（　　）min 就能完全干燥。

A. 3 ~ 5　　B. 5 ~ 10

C. 20 ~ 30　　D. 30 ~ 40

三、判断题

1. 化学除漆适用于清除小面积涂层。（　　）

2. 羽状边打磨通常使用 P120 干磨砂纸。（　　）

3. 磷化底漆经调配后就可以立即使用。（　　）

4. 在常温下干燥底漆一般需要 45 ~ 60 min。（　　）

5. 原子灰与固化剂的混合比例一般是 100 ∶ 3 ~ 100 ∶ 5。（　　）

6. 在刮涂原子灰时，一般选用软质刮具来填平凹坑。 ( )

7. 在使用红外线烤灯烘烤原子灰时，原子灰的表面温度要控制在 60 ℃以下。 ( )

8. 对第一层原子灰涂层的打磨只求平整，不求光滑。 ( )

9. 中涂底漆喷涂前的遮盖一般采用反向遮盖的方法。 ( )

10. 在 50 ℃的条件下，硝基类中涂底漆烘烤 10 ~ 15 min 就能完全干燥。 ( )

四、简答题

1. 简述良好旧涂层的表面预处理工艺。

2. 简述喷涂底漆的方法和注意事项。

3. 如何打磨第一层原子灰涂层？

4. 在中涂底漆涂层表面怎样填补硝基原子灰带来的涂膜缺陷？有哪些注意事项？

任务3　汽车车身面漆的喷涂

一、填空题

1．面漆喷涂的方式通常可分为干喷、________、湿碰湿喷涂、________、雾化喷涂和__________。

2．车身构件的喷涂一般都遵照__________、________和________的原则。

3．面漆喷涂前准备按照作业的先后顺序可分为_______________、喷涂涂料的准备、_______________、待涂表面准备和_________________等内容。

4．喷涂涂料的准备具体包括______________________________、面漆颜色的调配，以及__________________________________等内容。

5．空气喷枪的选择要考虑_____________和_____________两个方面。

6．喷涂面漆前，要对喷枪的______、_________和______等做相应的调整。

7．面漆喷涂按照修补面积大小的不同可分为_________和_______________，按照修补涂料的不同可分为___________和_____________。

8．面漆的强制干燥需满足在_________ ℃条件下干燥_________ min 左右。

9．喷涂温度包括___________________、车辆表面的温度和_______________等。

10．喷涂环境的清洁包括_________________和______________________。

二、选择题

1．带状喷涂的喷幅应调得相对窄一些，一般调整到（　　）cm 左右。

A．6　　B．10

C．12　　D．20

2．喷涂小、中型圆柱构件时，先从圆柱顶部自上而下喷涂，再自下而上喷涂，一般分为（　　）道垂直行程。

A．1 ~ 2　　B．3 ~ 4

C．3 ~ 6　　D．6 ~ 8

3．喷涂面漆时，喷漆房的环境温度一般以（　　）℃为宜。

A．10 ~ 15　　B．15 ~ 20

C．20 ~ 25　　D．25 ~ 30

4．素色漆整体喷涂时，喷涂流量的开度应为整个开度的（　　）。

A．1/4 ~ 1/2　　B．1/2 ~ 2/3

C．2/3 ~ 3/4　　D．3/4 ~ 1

5．一般喷涂素色漆（　　）次就能达到所需的膜厚、光泽和色调。

A．1　　B．2

C．3　　D．4

6. 消除金属漆表面的斑纹时，原则上清漆和金属漆的比例为（　　）。

A. 1 ∶ 1　　B. 1 ∶ 2

C. 1 ∶ 3　　D. 1 ∶ 4

7. 金属漆消斑的时间间隔一般为（　　）min，其间应保证涂膜中的溶剂能充分挥发。

A. 3 ~ 5　　B. 5 ~ 8

C. 8 ~ 10　　D. 10 ~ 15

8. 在金属漆的局部修补喷涂工艺中，用于晕色处理的涂料是由（　　）的清漆和（　　）的稀释剂混合而成的。

A. 20%　80%　　B. 30%　70%

C. 40%　60%　　D. 50%　50%

9. 在金属漆的整体喷涂工艺中，预喷涂透明涂料的涂料黏度一般为（　　）Pa.s。

A. 12 ~ 14　　B. 14 ~ 16

C. 16 ~ 18　　D. 18 ~ 20

三、判断题

1. 雾化喷涂一般用于金属漆的施工。（　　）

2. 带状喷涂一般被用于新喷的修补漆与原来的旧涂膜之间的晕色。（　　）

3. 喷涂车门应先喷涂车门框的顶部。（　　）

4. 素色漆整体着色喷涂的涂膜厚度以不产生流挂为准。（　　）

5. 第一次透明层预喷涂不能太薄，一次喷涂太薄会使金属颗粒的排列被打乱。（　　）

6. 在浅色金属漆消斑处理时，涂料中清漆的比例要少一些。（　　）

7. 如果干燥的面漆是硝基类涂料，要等涂膜完全干燥后才能揭去遮盖胶带。（　　）

四、简答题

1. 什么是干喷？如何获得理想的干喷效果？

2. 在向下排风的喷漆间里，整车的喷涂顺序是怎样的？

3. 简述金属漆整体喷涂的步骤。

4. 简述素色漆局部修补喷涂的作业要点。

任务 4　汽车车身漆面的修饰

一、填空题

1. 车身漆面的修饰从整体上可分为__________和__________两部分，其中漆面修理按照涂膜缺陷类型的不同又可分为________________和____________________。

2. 修补痕迹的修理主要包括__________________和____________________。

3. 如果抛光时涂膜处于半干状态，涂膜就会出现______或______现象。

4. 漆面划痕处理常用的砂纸有 P1000、______、P1500 和______等型号。

5. 车身板件的______和______处的涂膜比较薄，在抛光时容易被磨穿。

6. 漆面打蜡按照作业方式不同可分为__________和__________两种。

7. 打蜡时，打蜡海绵及打磨机海绵都应进行____________运动，不宜环形涂抹，以防车身由于涂层不匀形成强烈的____________。

8. 通过抛光磨去重涂表面的__________以获得与原涂膜相似的________的方法，称为涂膜纹理调整抛光。

9. 细蜡抛光的面积为修理区域面积的______倍，完成抛光后，要用______在板件表面进行上光处理。

二、选择题

1. 手工抛光时，应用法兰绒布蘸上少许（　　）或中粗蜡。

A. 细蜡　　B. 稀释剂

C. 抛光粗蜡　　D. 抛光剂

2. 用抛光机进行局部抛光的面积为修理区域的（　　）倍。

A. 1 ~ 2　　B. 2 ~ 3

C. 3 ~ 5　　D. 5 ~ 8

3．下列选项中，能用细砂纸研磨修理的是（　　）。

A．太阳纹　　B．细擦痕

C．中度划痕　　D．很深的划痕

4．打磨精棉相当于（　　）砂纸。

A．P1000　　B．P1500

C．P2000　　D．P3000

5．使用粗抛光剂进行抛光可以去除砂纸的打磨痕迹或处理（　　）的划痕。

A．轻微摩擦　　B．中等深度

C．较深深度　　D．很深深度

6．处理较浅的划痕时，抛光盘与漆面接触的抛光角度为（　　）。

A．5° ~ 10°　　B．10° ~ 20°

C．25° ~ 30°　　D．35° ~ 40°

7．处理较浅的划痕时，抛光机相邻的移动轨迹要有（　　）的重叠。

A．1/4 ~ 1/3　　B．1/3 ~ 1/2

C．1/2 ~ 2/3　　D．2/3 ~ 3/4

8．中粗抛光剂抛光时，抛光机的转速通常要调整到（　　）r/min 左右。

A．800　　B．1 000

C．1 600　　D．2 000

三、判断题

1．涂膜流挂的修理必须在涂膜完全干燥的情况下进行。（　　）

2．颗粒修理等小范围的打磨一般使用小型打磨块配合 P800 ~ P1000 水磨砂纸来进行。（　　）

3．经过平整修理的区域无须抛光。（　　）

4．手工抛光时，抛光布的运动轨迹以无序为好。（　　）

5．处理车身晕色区域时，应选用中粗的研磨膏。（　　）

6．晕色区抛光的方向只能是从重涂区域到非重涂区域。（　　）

7．重涂表面的纹理一般比原涂膜表面的纹理细腻。（　　）

8．粗抛光剂抛光时，抛光漆面的温度以手背能靠住为限。（　　）

9．手工打蜡时，每道涂抹区域应与上道涂抹区域有 1/2 ~ 2/3 的重合部分。（　　）

四、简答题

1．如何进行涂膜流挂的平整修理？

2. 简述涂膜凹陷修理的步骤。

3. 简述涂膜纹理调整抛光的步骤。

4. 如何进行漆面的粗抛光剂抛光?

综合试卷（一）

一、填空题（每空 1 分，共 20 分）

1．常见的车架有________、X 形车架和________三种类型。

2．常见的汽车钣金维修工具有__________和__________。

3．把构件的展开图画到________或______上的过程称为放样。

4．手工剪切方法有__________、外圆的剪切法、__________和厚料的剪切法等。

5．前立柱的作用是作为乘客区________________________、固定________________，以及安装车门等。

6．可以使用______________和______来测量车身前部的尺寸。

7．按照作用的不同，溶剂可分为_______、助溶剂和________三种。

8．常用的评估车身涂膜损伤程度的方法有__________、触摸评估法和__________。

9．面漆喷涂前准备按照作业的先后顺序可分为________________、喷涂涂料的准备、____________、待涂表面准备和喷涂工具准备等内容。

10．如果抛光时涂膜处于半干状态，涂膜就会出现_______或______现象。

二、单项选择题（每题 1.5 分，共 30 分）

1．承载式汽车的车顶、车底和立柱等构件均以（　　）的方式组合在一起。

A．铆接　　B．粘接

C．焊接　　D．螺栓连接

2．根据损伤程度的不同，车身部件的修复分为（　　）和更换两种方式。

A．保养　　B．整形

C．维护　　D．焊接

3．（　　）适用于狭窄位置的打磨，经常用于处理切割分离后的毛刺、焊接位置坡口和焊接接头。

A．盘式气动打磨机　　B．角磨机

C．砂轮机　　D．带式气动打磨机

4．如果汽车发生事故，（　　）材质的覆盖件更容易受损。

A．金属　　B．吸能

C．塑料　　D．碳素

5．钣金件展开图的尺寸与实物是一模一样的，也就是按（　　）的比例展开。

A．1 ∶ 3　　B．1 ∶ 2

C．1 ∶ 1　　D．1 ∶ 4

6．二氧化碳气体保护焊立焊可分为（　　）立焊和向下立焊两种方法。

A．向左　　B．向右
C．向前　　D．向上

7．内圆的剪切法应从圆形孔的右边下剪，按（　　）方向剪切，边料会随着剪刀的移动而向上卷起。

A．顺时针　　B．从右向左
C．逆时针　　D．从前向后

8．运用收缩处理的方法可使金属晶粒恢复到原有的（　　）和厚度。

A．大小　　B．形状
C．长度　　D．宽度

9．更换前纵梁时，护轮板侧的截断位置应取在发动机侧切口后方（　　）mm 处。

A．90 ~ 120　　B．80 ~ 120
C．100 ~ 120　　D．110 ~ 120

10．如果前翼子板中部受到撞击，前轮将会（　　）。

A．向前变形　　B．向左变形
C．后缩　　D．向右变形

11．利用车身的（　　）对称性进行对角线测量，可检测出车身侧面和车门框的变形情况。

A．前后　　B．左右
C．上下　　D．车顶

12．（　　）主要用于消除钣金焊点和除旧漆作业。

A．气动单作用打磨机　　B．气动双作用打磨机
C．气动轨道式打磨机　　D．抛光机

13．调配好的磷化底漆必须在（　　）h 内用完。

A．3　　B．8
C．12　　D．18

14．（　　）是颜色的最基本特征，也是颜色彼此区分的最明显特征。

A．色调　　B．明度
C．纯度　　D．彩度

15．车身上（　　）的视觉效果不太明显，可进行各种颜色的局部修补涂装。

A．A 区　　B．B 区
C．C 区　　D．D 区

16．预处理裸金属表面时，磷化底漆和磷化液的混合比例是（　　）。

A．1 ∶ 1　　B．2 ∶ 1
C．3 ∶ 1　　D．4 ∶ 1

17．喷涂小、中型圆柱构件时，先从圆柱顶部自上而下喷涂，再自下而上喷涂，一般分为（　　）道垂直行程。

A．1 ~ 2　　B．3 ~ 4
C．3 ~ 6　　D．6 ~ 8

18．用抛光机进行局部抛光的面积为修理区域的（　　）倍。

A. 1 ~ 2
B. 2 ~ 3
C. 3 ~ 5
D. 5 ~ 8

19. 下列选项中，能用细砂纸研磨修理的是（　　）。
A. 太阳纹
B. 细擦痕
C. 中度划痕
D. 很深的划痕

20. 带状喷涂的喷幅应调得相对窄一些，一般调整到（　　）cm 左右。
A. 6
B. 10
C. 12
D. 20

三、判断题（每题 1 分，共 10 分）

1. 承载式车身的优点是减振性好、工艺简单、易于改型和维修方便。（　　）
2. 捅锤主要用于敲击弧形构件，不可以横击。（　　）
3. 旋转法会将一般位置的直线段旋转为投影面平行线。（　　）
4. 对切割下来的板件可进行整形修复，即使损伤严重也不需要更换。（　　）
5. 地板通常是分部分冲压成型的。（　　）
6. 在修复或装配的过程中都需要进行测量检验。（　　）
7. 环氧底漆是物理隔绝防腐底漆的代表。（　　）
8. 车身上 A 区最为显眼，不宜采用点修补工艺。（　　）
9. 喷涂车门应先喷涂车门框的顶部。（　　）
10. 经过平整处理的区域不必进行抛光。（　　）

四、简答题（共 40 分）

1. 汽车车身的功能是什么？（6 分）

2. 超声波测量系统有哪些使用注意事项？（6 分）

3. 简述电阻点焊焊点质量的检验方法。（6 分）

4. 汽车涂料应具备哪些性能？（6 分）

5. 简述素色漆局部修补喷涂的作业要点。（8 分）

6. 简述后侧围板更换修理的过程。（8 分）

综合试卷（二）

一、填空题（每空 1 分，共 20 分）

1. 车身部件的拆卸除螺母和螺栓拆卸外，还有______、錾削和______等方式。

2. 汽车翼子板大多为____________，一般由__________mm 厚的板料拉延成型。

3. 焊接厚板时一般采用焊枪________的焊接方法，焊接薄板时则采用焊枪__________的焊接方法。

4. 正托法适用于修理较轻的________，使其恢复__________。

5. 顶部碰撞不仅会损伤车顶板，还有可能损坏__________、后侧围板和____。

6. 无尘干磨系统主要由__________、伺服系统、________、吸尘软管和干磨砂纸等组成。

7. 物体的颜色会因______、物体和____________等的变化而变化。

8. 底涂层涂装一般分为底漆喷涂前准备、________、干燥底漆和________四个步骤。

9. 修补痕迹的修理主要包括________________和________________。

10. 车身板件的______和______处的涂膜比较薄，在抛光时容易被磨穿。

二、单项选择题（每题 1.5 分，共 30 分）

1. 电动汽车的动力总成比传统燃油汽车的动力总成小（　　）mm 左右。

A．100　　B．150
C．200　　D．250

2. 在车下作业或者进行拉伸校正操作时要戴（　　）。

A．工作帽　　B．软质安全帽
C．头套　　D．硬质安全帽

3. 车身外形修复机在修理企业中通常被称为（　　）。

A．拉片机　　B．焊片机
C．焊机　　D．介子机

4. 翼子板是遮盖车轮的车身外板，是非常重要的车身（　　）。

A．结构件　　B．覆盖件
C．车架件　　D．轮胎件

5. 为了合理使用材料，通常将使用同样牌号、有同样厚度的工件集中一次划线下料，这种下料方法称为（　　）。

A．卷边　　B．零料拼整法
C．集中下料法　　D．排版套裁法

6. 仰焊一般采用（　　）的焊接方法。

A．从前到后　　B．从左到右

C．从右到左　　　　D．从远到近

7．在塑料覆盖件的维修中，如果塑料覆盖件的损伤面积较大，已无维修的必要，则只能将其（　　）。

A．更换　　　　B．局部修理

C．修理　　　　D．热加工

8．用惯性锤修理凹陷变形时应将惯性锤快速向后拉动，利用惯性锤的（　　）使焊接处产生拉力。

A．敲击　　　　B．惯性

C．牵引　　　　D．变形

9．更换前纵梁时，构件的切割长度要比更换长度多（　　）mm。

A．1.5 ~ 6　　　　B．3.5 ~ 6

C．2.5 ~ 6　　　　D．4.5 ~ 6

10．侧向碰撞时，如果碰撞严重，会引起汽车前部、中部或后部的（　　）变形。

A．断裂　　　　B．弯折

C．菱形　　　　D．弯曲

11．（　　）将汽车分成左右对等的两大部分。

A．中心面　　　　B．车底

C．零平面　　　　D．车顶

12．在使用无尘干磨系统清除旧涂层时，要将打磨机叶轮左上方的（　　）处对准加工表面。

A．1/2　　　　B．1/3

C．1/4　　　　D．1/5

13．汽车面涂层是车身涂层的外衣，其主要功能是确保车身涂层的（　　），提高车身涂层的耐候性和抗划伤性。

A．防潮性　　　　B．耐磨性

C．装饰性　　　　D．保护性

14．侧面观察是指目光斜视色板，以视线与色板成（　　）侧角来观察，此方法主要用于观察底色调。

A．35° 或 110°　　　　B．45° 或 135°

C．15° 或 135°　　　　D．45° 或 110°

15．镀锌板必须在经过（　　）处理后才能涂装。

A．钝化和磷化　　　　B．钝化和氧化

C．磷化和氧化　　　　D．氧化和粗化

16．原子灰的覆盖范围一般要超出裸金属边缘（　　）mm。

A．5 ~ 10　　　　B．10 ~ 20

C．20 ~ 30　　　　D．30 ~ 40

17．素色漆整体喷涂时，喷涂流量的开度应为整个开度的（　　）。

A．1/4 ~ 1/2　　　　B．1/2 ~ 2/3

C．2/3 ~ 3/4　　　　D．3/4 ~ 1

18．手工抛光时，应用法兰绒布蘸上少许（　　）或中粗蜡。

A．细蜡　　B．稀释剂

C．抛光粗蜡　　D．抛光剂

19．打磨精棉相当于（　　）砂纸。

A．P1000　　B．P1500

C．P2000　　D．P3000

20．使用粗抛光剂进行抛光可以去除砂纸的打磨痕迹或处理（　　）的划痕。

A．轻微摩擦　　B．中等深度

C．较深深度　　D．很深深度

三、判断题（每题 1 分，共 10 分）

1．防护眼镜能在进行锤击、钻孔、磨削和切削等操作时保护眼部。（　　）

2．发动机罩是遮盖和保护发动机的车身钣金件总成，是发动机舱的上盖板。（　　）

3．焊点到板件边缘的距离由电极的位置决定，距离太小不会使焊点的强度降低。（　　）

4．惯性锤的惯性可以使焊接处产生拉力，致使凹陷部位被拉出来。（　　）

5．由于碰撞发生时驾驶员的第一反应是绕开障碍物，损伤一般不会发生在车身侧面。（　　）

6．海绵式抛光垫通常与中、粗颗粒的抛光剂配套使用。（　　）

7．粗糙表面物体的固有色表现不强，而且易受环境色干扰。（　　）

8．原子灰与固化剂的混合比例一般是 100 ∶ 3 ~ 100 ∶ 5。（　　）

9．涂膜流挂的修理必须在涂膜完全干燥的情况下进行。（　　）

10．处理车身晕色区域时，应选用中粗的研磨膏。（　　）

四、简答题（共 40 分）

1．简述汽车钣金修复作业对人体的主要危害及其影响。（6 分）

2．车身结构件包括哪些部分？（6 分）

3．简述偏托法的工艺。（6 分）

4．物体的颜色是怎样产生的？（6 分）

5．简述破坏性检验的基本步骤。（8 分）

6．涂料喷涂时如何选择空气喷枪？（8 分）

综合试卷（三）

一、填空题（每空 1 分，共 20 分）

1．电动汽车的客舱高度须________传统燃油汽车，车身长度应________传统燃油汽车。

2．惰性气体保护焊不仅适用于车身______________的焊接，还适用于整体式车身__________________的焊接。

3．锤打时若发现加工硬化现象，应及时进行________，以防工件出现__________。

4．塑料覆盖件多使用______、______或胶黏剂进行安装与固定，可以参照汽车制造厂提供的车身维修手册来对其进行拆卸。

5．前纵梁采用__________的方式与车身相连，在更换前纵梁前应先确认__________的位置。

6．________是一个假想的平整表面，它与____________平行并保持固定的距离。

7．汽车涂装常用的除油剂分为__________、化学除油剂和__________三种。

8．修补的涂层要有良好的__________、较好的重涂性和修补性。

9．面漆喷涂按照修补面积大小的不同可分为____________和____________，按照修补涂料的不同可分为素色漆喷涂和______喷涂。

10．打蜡时，打蜡海绵及打磨机海绵都应进行__________运动，不宜环形涂抹，以防车身由于涂层不匀形成强烈的______________。

二、单项选择题（每题 1.5 分，共 30 分）

1．（　　）塑料通常用于制造汽车保险杠护罩。

A．PS　　B．PP

C．PA　　D．PET

2．（　　）多用于汽车涂装中的凹陷填充或外形修复。

A．刷涂　　B．刮涂

C．喷涂　　D．浸涂

3．涂装人员长期接触（　　）会出现慢性中毒的状况，引发白细胞减少、血小板降低或骨髓造血功能障碍等疾病。

A．醇　　B．醛

C．醚　　D．苯

4．超声波测量系统安装非常简单，其测量可以在（　　）上进行，也可以在设备配套的支架上进行。

A．地面　　B．任意平面

C．校正平台　　　　D．车轮

5．翼子板的作用是防止汽车行驶过程中卷起的泥土和沙石被车轮溅到（　　）。

A．车顶　　　　B．车厢底部

C．发动机罩　　　　D．驾驶室

6．简易的手工制筋方法有用（　　）制筋和用简易模具制筋两种。

A．划针　　　　B．扁冲

C．样冲　　　　D．撬棒

7．在塞焊时应尽量将焊枪与板件靠得近一些，一般距离不超过（　　）mm，以保证焊接质量。

A．10　　　　B．12

C．13　　　　D．14

8．许多热塑性塑料板件在发生轻微的弯曲或变形时，可以用（　　）校正的方法进行维修。

A．冷却　　　　B．加热

C．切割　　　　D．更换

9．用惯性锤修理凹陷变形时，首先要确定需要被拉伸的（　　）。

A．方向　　　　B．点

C．力度　　　　D．距离

10．前立柱的更换修理可以采用（　　）对接或无插入件偏置对接的方法。

A．填充　　　　B．焊接

C．插入件　　　　D．塞焊

11．有时车辆翻滚会造成车身前部或（　　）的损坏。

A．侧面　　　　B．后部

C．上部　　　　D．车底

12．（　　）多用于测量孔对孔之间的距离。

A．轨道式量规　　　　B．中心量规

C．卷尺　　　　D．麦弗逊撑杆式中心量规

13．（　　）喷枪工作气压低、非常安静、涂料反弹率小，且涂料利用率在65%以上。

A．环保型高流量低气压　　　　B．传统高压

C．低流量中气压　　　　D．吸力进给

14．表面活性剂用于清除与（　　）物质不起反应的矿物油。

A．酸性　　　　B．中性

C．碱性　　　　D．油性

15．电子秤清零后，其显示器上应显示（　　）g。

A．0.0　　　　B．0

C．0.00　　　　D．0.000

16．加热判定法是指用（　　）砂纸对涂膜表面进行湿打磨，然后用红外线烤灯烘烤的方法。

A．P300 ~ P400　　　　B．P500 ~ P600

C. P800 ~ P1000　　D. P1000 ~ P1200

17. 用原子灰进行修饰时，刮板与涂面应成（　　）角。

A. 15°　　B. 35°

C. 45°　　D. 75°

18. 消除金属漆表面的斑纹时，原则上清漆和金属漆的比例为（　　）。

A. 1 ∶ 1　　B. 1 ∶ 2

C. 1 ∶ 3　　D. 1 ∶ 4

19. 车身（　　）组成了车身本体，是指纵梁、横梁和立柱等主要承力构件及与它们相连接的板件等保证车身强度和刚度的零部件。

A. 覆盖件　　B. 开闭件

C. 附件　　D. 结构件

20. 轿车在车身前后有意预留“薄弱环节”，这些“薄弱环节”起着良好的吸收冲击能量的作用，通常称为（　　）。

A. 缓冲区　　B. 过渡区

C. 影响区　　D. 吸能区

三、判断题（每题 1 分，共 10 分）

1. 电动汽车的充电插口通常设置在汽车后翼子板的油箱处。（　　）

2. 带式气动打磨机由外壳、风叶轮、进尘吸管和打磨盘等组成。（　　）

3. 手动剪刀只能剪切厚度为 0.8 mm 的金属板料。（　　）

4. 一般情况下，能浮在水面上的是热固性塑料，会沉入水底的是热塑性塑料。（　　）

5. 在内部加强件附近进行切割操作时必须特别小心，如果把内部加强件锯伤出小切口，必须把它焊好。（　　）

6. 车身维修人员常用的基本测量工具只有钢直尺。（　　）

7. 在使用碱性除油剂时，应根据金属底材质地的不同，相应地控制碱性除油剂的 pH 值。（　　）

8. 在调色时加入黑色或白色可以使原颜色的色调减弱、改变，甚至消失。（　　）

9. 板件表面越粗糙，形状越复杂，涂料的消耗量越大。（　　）

10. 在浅色金属漆消斑处理时，涂料中清漆的比例要少一些。（　　）

四、简答题（共 40 分）

1. 承载式汽车前车身主要由哪几部分组成？（6 分）

2. 发动机罩主要由哪些零件组成？（6分）

3. 放射线展开法的原理是什么？（6分）

4. 怎样打磨大面积的平整漆面？（6分）

5. 简述加热校正的操作过程。（8分）

6. 简述车身修补涂料选用的一般原则。（8分）

综合试卷（四）

一、填空题（每空 1 分，共 20 分）

1．车身中的铝合金按照其在车身中功能要求的不同可分为______、______和压铸件。

2．超声波测量系统由______、适配器、测量转换接头、加长杆、______和超声波接收器等组成。

3．保险杠一般安装在车架及纵梁上面，在拆装前要仔细查找保险杠在______及纵梁上的______。

4．卷边分为______和______两种。

5．焊接塑料板件时，焊枪喷嘴与板件表面要保持____，焊枪喷嘴应距板件表面______mm。

6．在更换行李舱地板时，更换板的边缘要比原有板多出____mm，除去板件上的毛刺，并钻好____mm 左右的塞焊孔。

7．量规主要有______、中心量规和______等种类。

8．根据作业方式不同，汽车涂装用砂纸分为______砂纸和______砂纸两种。

9．面漆喷涂前打磨的目的是清除待涂表面的______、制造旧涂膜表面的微小磨痕和提高待涂表面对面漆的______。

10．喷涂环境的清洁包括______和______。

二、单项选择题（每题 1.5 分，共 30 分）

1．碳纤维的质量相当于同体积钢材的 20% ~ 30%，而强度却是钢材的（　　）倍以上。

A．2　　B．5

C．8　　D．10

2．（　　）常用于直接接触涂料的场合。

A．棉纱手套

B．乳胶手套

C．防溶剂手套

D．劳动手套

3．超声波测量系统中的超声波接收器接收超声波发射器发出的超声波，并将超声波通过（　　）传送给计算机。

A．电源线　　B．手机

C．U 盘　　D．传输线

4．车门对整车造型起着（　　）作用，并直接影响车身外形的美观度。

A．安全　　　　B．造型

C．方便　　　　D．协调

5．用手工操作将金属材料沿直线或曲线弯曲成一定角度或弧度的工艺过程称为（　　）。

A．放边　　　　B．收边

C．弯曲　　　　D．卷边

6．在对接焊时每次焊接的长度不可超过（　　）mm，焊缝的宽度和高度应保持一致。

A．10　　　　B．20

C．30　　　　D．40

7．热塑性塑料的冷却大约需要（　　）min。

A．30　　　　B．50

C．40　　　　D．70

8．较轻的隆起变形可用（　　）进行收缩。

A．冷作敲击法　　　　B．电热法

C．冷冻处理法　　　　D．机械抛丸法

9．更换行李舱地板时，应在所有焊接位置进行焊缝保护处理，在接合面上方用软嵌条做嵌缝处理，在下方加上（　　），最后在修理表面喷涂防锈底漆和面漆。

A．搭接焊　　　　B．对接焊

C．接缝密封胶　　　　D．铆接

10．车辆以一定的车速碰撞，被撞击的物体不同，车辆的（　　）也有很大不同。

A．损坏程度　　　　B．撞击力

C．速度　　　　D．轮胎

11．（　　）一般安装在减振器支座上。

A．中心量规　　　　B．麦弗逊撑杆式中心量规

C．卷尺　　　　D．轨道式量规

12．2 K 比例尺上有三列刻度，从左侧起第二列表示（　　）的加入量。

A．稀释剂　　　　B．固化剂

C．涂料　　　　D．溶剂

13．干磨砂纸有 P40 ~ P4000 多种规格，其中（　　）用于处理汽车涂装底材。

A．P40 ~ P200　　　　B．P40 ~ P300

C．P40 ~ P400　　　　D．P40 ~ P500

14．使用 DIN－4 杯检测黏度，在 23 ℃时金属底色漆的施工黏度通常为（　　）s。

A．17 ~ 19　　　　B．20 ~ 22

C．22 ~ 24　　　　D．27 ~ 28

15．涂料的颜色越浅，遮盖力就越（　　），涂料的消耗量也就越（　　）。

A．差　小　　　　B．差　大

C．好　小　　　　D．好　大

16．中涂底漆喷涂前的打磨范围一般应超出原子灰边缘（　　）mm。

A．80　　　　B．100

C．180　　　　D．200

17. 在金属漆的局部修补喷涂工艺中，用于晕色处理的涂料是由（　　）的清漆和（　　）的稀释剂混合而成的。

A. 20%　80%　　B. 30%　70%

C. 40%　60%　　D. 50%　50%

18. 在金属漆的整体喷涂工艺中，预喷涂透明涂料的涂料黏度一般为（　　）Pa. s。

A. 12 ~ 14　　B. 14 ~ 16

C. 16 ~ 18　　D. 18 ~ 20

19. 处理较浅的划痕时，抛光盘与漆面接触的抛光角度为（　　）。

A. 5° ~ 10°　　B. 10° ~ 20°

C. 25° ~ 30°　　D. 35° ~ 40°

20. 中粗抛光剂抛光时，抛光机的转速通常要调整到（　　）r/min 左右。

A. 800　　B. 1 000

C. 1 600　　D. 2 000

三、判断题（每题 1 分，共 10 分）

1. 电动汽车车身前纵梁的位置高度要低于传统燃油汽车。（　　）
2. 电阻点焊只有电极压力和电流强度两个主要焊接参数。（　　）
3. 车门通过焊接与立柱相连接。（　　）
4. 在钣金件表面上制出各种凸筋可以提高其刚度和使用性能，增加美感。（　　）
5. 焊接塑料板件时，先用热风加热焊条和板件，再将热熔的焊条压进 V 形焊缝坡口。（　　）
6. 在更换前纵梁时，为了保证搭接良好，应在车身原结构件伸出端的拐角处仔细做出开口。（　　）
7. 电子式车身测量系统是使用计算机和传感器测量车身结构损伤情况的设备。（　　）
8. 细蜡的研磨作用要优于其上光作用。（　　）
9. 在调色前应保证使用调漆机搅拌色母 5 min 以上。（　　）
10. 中涂底漆喷涂前的遮盖一般采用反向遮盖的方法。（　　）

四、简答题（共 40 分）

1. 电动汽车 B 柱结构的作用是什么？（6 分）

2．简述惰性气体保护焊的优点。（6分）

3．什么是配方调色？（6分）

4．简述良好旧涂层的表面预处理工艺。（6分）

5．简述使用车身外形修复机修理局部损伤的步骤。（8分）

6．如何进行漆面的粗抛光剂抛光？（8分）